Maren Gregersen

Tischdekorationen im Landhausstil

Lifestyle
BUSSE
SEEWALD

Konzept, Fotos und Text: Maren Gregersen
Layout: Antje Spitzbarth
Druck und Verarbeitung: Mohn media Mohndruck GmbH, Gütersloh
Printed in Germany
ISBN 978-3-512-03357-5

Maren Gregersen

Tischdekorationen im Landhausstil

Lifestyle

BUSSE SEEWALD

Inhalt

Liebenswerter Landhausstil

„Schon lange liebe ich den Landhausstil."

Er erinnert an Ferien auf dem Lande, bei den Großeltern in Nordfriesland. Diese Sehnsucht nach ländlicher Idylle ist in der heutigen Zeit weit verbreitet, und so erfreuen wir uns jeden Tag an gemütlich eingerichteten Wohnräumen und passenden Dekorationen. Inspiriert von meiner norddeutschen Heimat und dem Verlauf der Jahreszeiten zeige ich Ihnen in diesem Buch Tischdekorationen im Landhausstil. Sie finden hier viele Ideen und Inspirationen für einen rustikal, natürlich oder festlich gedeckten Tisch. Schöne Stoffe, kariert oder gestreift, spielen eine große Rolle im Landhausstil, ebenso Naturmaterialien wie Holz, Steine und Blumen. Aber auch Altes und Schönes vom Flohmarkt passt zu diesem Stil. Und mit Gebäck können Sie preiswerte und einfache Dekorationselemente schnell herstellen.

Mit den leicht verständlichen Anleitungen wird es Ihnen sicher Spaß machen, die Dekorationsideen nachzumachen, viele davon können Sie immer wieder einsetzen. Erfreuen auch Sie sich an dem liebenswerten Landhausstil!

Maren Gregersen

Frühstückstisch in Hellblau

Das Leben erwacht.

Im Frühling wird der Himmel blauer.
Ein blaues Band zieht durchs Land.

Lämmer werden geboren und grasen mit dem Mutterschaf auf dem Deich.

Das Frühstücksei wird mit einer Strickmütze warm gehalten.
Eine Strickanleitung dazu finden Sie im hinteren Buchteil.

Helles Blau, eine erfrischende Farbe für den Frühstückstisch im Frühling. Wählen Sie Geschirr und Accessoires in diesem Farbton.
Kleine Lämmer (die gibt es im Spielzeugladen) sind geschützt unter einer Glasglocke.

Traubenhyazinthen gibt es vorgetrieben in Töpfen zu kaufen.
Ohne Topf werden die Zwiebelpflanzen mit Moos in ein altes Schraubglas gesetzt und in eine kleine weiße Kiste gestellt.
Die Kiste können Sie selbst herstellen (Siehe Anleitung im hintern Buchteil).

Rosa Frühlings-Frühstückstisch

Rosa, die Lieblingsfarbe kleiner Mädchen.
Auch als Deko-Farbe im Trend wfür Frühling und Sommer.

Federleicht und **zart** ist dieser Frühstückstisch, passt aber sehr gut zu einer Landhausküche.

Zu den schönsten Frühlingsblumen gehören rosa **Bellis**.
Die Federn an den Blumenkörben werden mit Nadel und Baumwollfaden befestigt.

Perfekt dazu das rosafarbene Geschirr mit den passenden **Servietten**. Zu einem großen Knoten geschlungen, dienen die Servietten vorerst als Eierbecher.

Schlichte **Porzellanhasen** und **Ei-Kerzen** kündigen an: Ostern ist nicht mehr weit.

Ostern ganz natürlich

Einfach nur Heu – naturfarbene Eier und ein paar verschiedene Federn – Landhausstil pur.

Heu gibt's auf dem Bauernhof oder, einfacher, als Kleintierstreu im Zoohandel.
Das große Nest wird mit dünnem Draht gebunden.

Jedoch wäre Ostern ohne Hasen nicht Ostern...

Frohe Ostern

Ostern
Anna

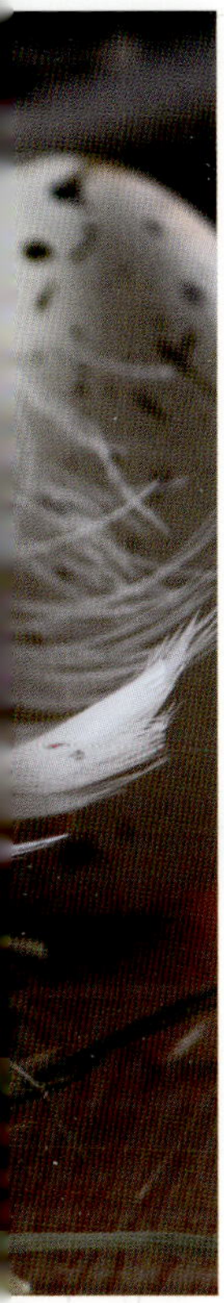

Naturfarbene **Holzhasen** (sind im Handel erhältlich) in verschiedenen Größen ins Nest setzen und auf dem Tisch verteilen.

Legen Sie Federn und naturgesprenkelte Eier dazu. **Blumentöpfe** dienen als Halter für verschieden große Ei-Kerzen.

Stoffservietten in Braun zu einem Hasen falten.

Die **Ostereier** brauchen nicht gefärbt zu werden, einfach nur mit einem weißen Lackstift beschriften.

Frohe Ostern!

Alle vögel...

...sind schon da und gesellen sich auf einem Zweig.

Bei dieser Deko wird viel **Naturmaterial** verwendet. Ein dicker **Birkenast** wird in unterschiedliche Längen abgesägt. Ein Ast dient als Kerzenhalter für eine Stumpenkerze, zwei Äste als Halter für Vogelnester.

Binden Sie die **Nester** aus Heu und Gras oder aus kahlen Birkenzweigen, und legen Sie künstliche Eier hinein. In das zweite Nest einen **Holzvogel** setzen.

Die Holzvögel werden aus 6 mm starken Holzplatten mit der Laubsäge ausgesägt (Schablonen finden Sie im Anleitungsteil).

Ein kleiner karierter **Piepmatz** tanzt aus der Reihe mit seinem Aussehen.

Dieser **Vogel** wird aus Stoff genäht und mit Füllwatte ausgestopft.
Für den Schnabel nehmen Sie einen Zahnstocher.

Die Vögel mit Heißkleber oder Holzleim auf einem liegenden Birkenast befestigen.

Karierte Stoffe passen sehr gut zu diesem **Landhausstil**.
Wählen Sie Stoffe in Naturtönen, kombiniert mit den Farben Ihres Geschirrs.
Aus Geschirrhandtüchern, halb durchgeschnitten und umgenäht, werden rustikale Servietten.

Maigrün

Im Mai explodiert die Natur. Bäume,
Sträucher und Gräser…
Überall frisches Grün.

Im Mittelpunkt des Tisches steht eine gläserne Tortenplatte. Darauf ist ein grüner **Kranz** arrangiert.
Schneiden Sie aus einem Steckschaumblock (quer teilen), mit Hilfe eines großen und eines kleinen Tellers,
mit einem spitzen Messer einen Kranz aus.
Die Kanten etwas abrunden, den Kranz gut wässern und vorsichtig auf den Teller legen.

Mit Blättern von Buchen, Birken und allerlei Grünzeug dicht bestecken.
Weiße Kerzen auf dem Kranz und in den Windlichtern geben dem Ganzen noch mehr Frische.
Birkenzweige um die Windlichter befestigen.
Passende Servietten finden Sie sicher bei Ihrem nächsten Einkaufsbummel.

Rapsblüte

Schleswig-Holstein erstrahlt im Mai in leuchtendem Raps.
Schon von weitem sind die gelben Felder zu erkennen.

Schneiden Sie einige Blüten vom Feldrand und
stellen Sie diese möglichst schnell ins Wasser.

Verschiedene Gefäße aus der Küche, z.B. Milchkrüge, Becher und weiße Emaille-Schälchen in lockerer Aufteilung auf den Tisch stellen.
Die Rapsblüten darin verteilen.

Das Geschirr darf gern ein traditionelles Muster haben. Dazu passen sehr gut die schlichten gelben Servietten.

Puppengeschirr

Dieser Tisch ist nicht nur etwas für einen Kindergeburtstag, sondern auch ein schöner Kaffeetisch für gute Freunde.

Das schöne Puppengeschirr meiner Großmutter ist zwar schon geklebt, aber doch zu schade zum Wegwerfen.
Ich dachte mir, es wäre doch nett, dieses mit anderem Puppengeschirr als Tischdekoration zu nutzen.

Auf Flohmärkten und im Spielzeuggeschäft bin ich schließlich fündig geworden.

Es sollte aus Porzellan sein, sowie farbig und dekorativ zum Muster passen.

Nun konnte ich Servietten und Papier für Platzsets besorgen.

Um die Dekoration vollständig zu machen, habe ich verschieden große „Kinderreihen“ aus Karton ausgeschnitten.
Kleine Weihnachtsbaumkerzen stehen in ausgesägten und bemalten Holzkreisen.

Möchten Sie diesen Tisch in ähnlicher Art nachgestalten,
dann wünsche ich viel Spaß beim Zusammensammeln.
Oder habe ich Ihre Fantasie angeregt, mit anderem altem Spielzeug eine Tischdekoration zu gestalten?

SSE
NTE
ALTE

Kindergeburtstag

Bunte Farben für den Tisch !

Kleine Kinder spielen gerne in der Sandkiste. Es macht ihnen Spaß, mit den Händen etwas zu formen und mit Sandförmchen Kuchen zu backen.

BJÖRN

ANNA

Die **Wimpelkette** wird von drei Stützen gehalten.
Gipsen Sie dünne Bambusstäbe in mittelgroße Konservendosen.
Vorsicht, die Schneideränder vorher abschmirgeln!
Gips ca. 24 Stunden trocknen lassen.
Für einen Bierzelttisch entspricht die Länge der Paketschnur 2,20 Meter.
Die Schnur mit Nägeln befestigen.
Schneiden Sie aus buntem Tonpapier doppelte Dreiecke und kleben Sie diese über die gespannte Schnur.

Jedes Kind bekommt eine Namensbanderole um das Glas.
Kleine runde Platzsets aus Tonpapier auf dem Tisch festkleben.
Die **Sandförmchen** ersetzen die Teller und werden mit bunten Schokolinsen gefüllt.
Später nimmwt jedes Kind seine Sandform mit nach Hause.
Große runde Blätter sind prima Teller für die **Muffins**.

Blütentöpfe in Weiß

Weiße Blüten im grünen Gras,
wie schön es harmoniert.
Dazu das Blau des Himmels.
Im Frühling und
Frühsommer finden Sie in der
Natur sehr viele weiße
Blüten.
Besonders an
Sträuchern wie Flieder, Schneeball
und Weißdorn.

Weiße Rosen aus dem Garten und alles, was sich draußen oder im Blumenladen besorgen lässt, kann hier schön in Gestecken verarbeitet werden.

Die Tischmitte mit einem passenden Stoff farblich betonen.
Ich habe ein Tischtuch zweimal gefaltet und fest gebügelt. Abwechselnd Blütentopf und Kerzentopf in einer Linie auf den Tisch stellen.

Wenn Sie keine schöne Handschrift haben, können Sie die Tischkarten mit dem PC drucken und auf farblich passenden Karton kleben.

Die schlanken Pflanztöpfe werden mit weißer Wandfarbe gestrichen und mit Sand aufgefüllt. Für die Kerzentöpfe Efeublätter in den Sand stecken, vorher die Stumpenkerzen hinein setzen.
Für die Gestecke Steckmoos zurechtschneiden und wässern.
Zuerst einen Efeukranz stecken, dann die großen Blüten verteilen und zum Schluss die Lücken mit kleinen Blüten füllen.

Die Stoffservietten zur „Prinzessin“ falten.

Hochzeit im Garten

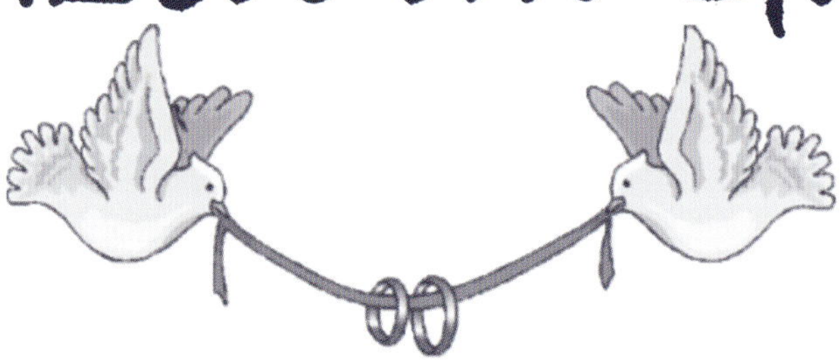

Ein Traum geht in Erfüllung-
Nach der Trauung in der
Dorfkirche wird bei Sommer-
wetter im Garten gefeiert.

Mit vielen Blumen werden die
Tische geschmückt.
Edles weißes Geschirr und Ihre
schönsten Gläser kommen auf
diesen festlichen Tisch.

Peter

HOCHZEIT

HOCHZEIT

Auf dem Ehrentisch des Brautpaares steht ein großes Wasserbecken gefüllt mit Blüten, Schwimmkerzen und Glaskugeln.
Das Wasserbecken können Sie selbst bauen. Die Anleitung ist im hinteren Buchteil zu finden.
Holzbuchstaben (gibt es im Bastelladen fertig zu kaufen) mit den Namen des Brautpaares, oder nur „Hochzeit", mit Heißkleber auf die Kante kleben.

Für die Gästetische verwenden Sie Glas- oder Porzellanschalen als kleine Wasserbecken.
Die weißen Stoffservietten stärken und zu eleganten Blüten falten.
Eine Faltanleitung finden Sie im Internet oder in einem Fachbuch für „Servietten falten".
Große seerosenähnliche Blätter beschriften Sie mit einem Lackstift als Namensschild. Die Blätter etwas unter die Serviette schieben.

Steintürmchen

Steine findet man überall in der Natur.

Besonders viele gibt es an den meisten Ostseestränden, wie z. B. auf der Insel Fehmarn. Steine sammeln ist ein Spaß für die ganze Familie.

Schöne abgerundete Steine säubern und übereinander stapeln.

Für eine Ton in Ton Dekoration wählen Sie Stoffe in Naturfarben und passendes Geschirr. Eine Kontrastfarbe, wie z. B. Lila, würde auch sehr gut passen.

Steine lassen sich auch sehr gut mit Kraftkleber zusammenkleben. Manche **Steine** halten auch ohne Klebstoff. Probieren Sie es aus! Die **Steintürmchen** platzieren Sie in einer Schale mit **Sand**. Schön dazu sind Kerzen in Steinoptik.

Fische

Wir wohnen im Norden von
Schleswig-Holstein
und genießen so oft es geht einen
Sommertag am Meer.
Nord- und Ostsee sind in
30 Minuten zu erreichen.
Zur dänischen Insel Rømø ist es
etwas weiter.
Wie Fische im Wasser wirkt diese
Tischdekoration.

Das **Tischtuch** wird aus weißem Baumwollstoff gebatikt.
Dazu den Stoff abbinden und zuerst in Türkis komplett färben.
Danach nur die beiden Enden in Dunkelblau tauchen.
Es werden **Fische** aus Weidenzweigen gebogen, mit Wickeldraht zusammengehalten und farblich passend angemalt.

Sie dienen als Serviettenhalter, werden an Flaschen gebunden oder gesellen sich zu den anderen Fischen auf dem Tisch.
Kleine gekaufte Fische zum Knabbern in **Fischdosen** anrichten.
Die Fischdosen können Sie mit weißer Lackfarbe bemalen.

Die Fische sind **essbar**, aus herzhaftem Mürbeteig gebacken und mit groben **Meersalz** oder Kümmselsalz bestreut.

Strandpicknick

Ein abendliches Picknick am Strand
in Solitüde an der Flensburger Förde mit
Sonnenuntergang ist traumhaft.

Wir nehmen auf einer weichen Decke Platz und breiten unsere Sachen aus.

In den einfach genähten Stoffbeuteln kommen unser Fundstücke vom Strandspaziergang schön zur Geltung.

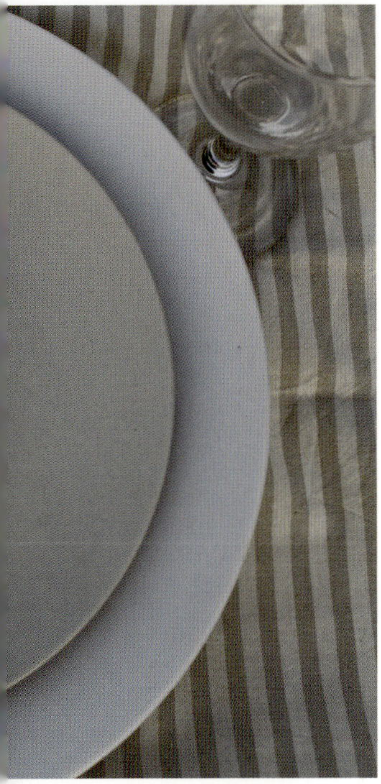

Für die gemütliche Beleuchtung sorgen einfache Gläser als Windlichter. Eventuell kleine Kränze aus Reisig und Dekogras darum legen.

Sets und Servietten aus sandfarbenem Stoff sind schnell genäht.

Heide und Sand

Unsere spätsommerlichen
Ausflüge führen uns gerne
in die Heidelandschaft.
Diese Fotos sind in der
Langenhorner Heide zwischen
Bredstedt und Niebüll an der B5
in Nordfriesland entstanden.

Der Heideboden ist sehr sandig, deshalb passt
Sand gut zu dieser Deko.

Die runden Tischsets sind selbstgenäht. Mit einer Lage Vlies werden sie verstärkt und per Hand in immer kleiner werdende Runden abgesteppt. Aus dem gleichen Stoff sind auch die Servietten genäht.

Mit Hilfe von Wickeldraht Heide um eine Grundkugel aus Moos binden, und diese auf einen Teller mit Sand legen. Kleine Holzstücke dazu dekorieren.

Schöne Gläser

Sammeln Sie verschiedene Gläser? Schöne, alte Einzelstücke habe ich mir auch auf dem Flohmarkt gekauft. Wählen Sie weiße Tischwäsche und edles weißes Geschirr für eine festliche Tafel und stellen Sie verschiedene langstielige Gläser, egal ob neu oder alt, in die Mitte des Tisches.

Die Gläser werden teilweise mit weißen Rosen
oder mit Glaskugeln gefüllt.
Auch Perlen passen sehr gut dazu.
In größere Gläser weiße Kerzen setzen.
Zusätzlich können Sie Kerzenleuchter aus Glas aufstellen.

Herbstfrüchte

Es ist **Erntezeit** für allerlei Früchte.
Brombeeren, gepflückt vom Wegesrand,
Nüsse unter Bäumen gesammelt oder Obst
vom Wochenmarkt gekauft.

Die schönsten **Früchte** verwende ich für diese Tischdekoration zum Herbstmenü.

Kaufen Sie sich zu Geschirr und Tischtuch passende Stoffe und nähen kleine runde Behälter (Anleitung im hinteren Buchteil). Nähen Sie gleich mehrere in ungerader Zahl.

Blätter und **Zweige** auf dem Tisch verteilen. Größere Früchte, wie z.B. Zierkürbisse, **Quitten** oder **Äpfel**, werden zu Kerzenhaltern umfunktioniert.

Altes Silber

Altes Silber, geerbt von der Großmutter, steht meist nur im Schrank.
Mit Glück können Sie ein paar schöne Stücke auf dem Flohmarkt erwerben und alles wieder zum Glänzen bringen.
Die gestrickte Tischdecke ist von meiner Mutter.

Für einen strahlenden Auftritt auf einer Kaffeetafel.

Vielleicht entdecken Sie so ein schönes
Stück auch auf dem Flohmarkt.
Dazu passt edles, weißes Porzellan.
Die Serviettenringe (vom Flohmarkt)
mit den zarten Servietten erinnern
mich an die Kaffeetische
meiner Großmutter.

Die Farben der Blüten auf der Serviette habe ich auch für das Gesteck in der **Silberschale** verwendet.
Als Grundlage dient ein zarter Kranz aus **Birkenzweigen**.
Darauf die Blüten legen und die Schale mit Wasser auffüllen.

Nordstrander Keramik

Getöpfertes Keramik- Geschirr ist etwas ganz Besonderes.
In vielen Städten und Ferienorten gibt es eine kleine Töpferei.

Meine Schwester und ich sammeln verschiedene Gefäße
von der „Nordstrander Töpferei“, die auf der Nordseehalbinsel
Nordstrand hergestellt werden.

Der graue Ton passt sehr gut zu der **rauen** Landschaft.

Um das geschwungene Muster aufzugreifen, habe ich aus **Heu** große Schlaufen gebunden.

Zur **Herbstdekoration** passt ein Gesteck aus Kornähren.

Natur und **Blau**, mehr Farbe muss nicht sein, um das schöne robuste Geschirr zur Geltung zu bringen.

Pferde

Pferde auf der **Weide** sieht man nicht mehr so häufig. Umso mehr habe ich mich gefreut eine ganze „Herde“ mit jungen **Fohlen** im Nachbarort zu sehen und fotografieren zu können.

Holzpferde sind typische Dekoartikel in **Skandinavien**.
Mit einer Dekupiersäge sägen Sie aus einem 18 mm starken Fichtenbrett beliebig viele Pferde aus. Diese Sägearbeit hat meine Kollegin für mich gemacht. Sie können aber auch einen Tischler fragen.

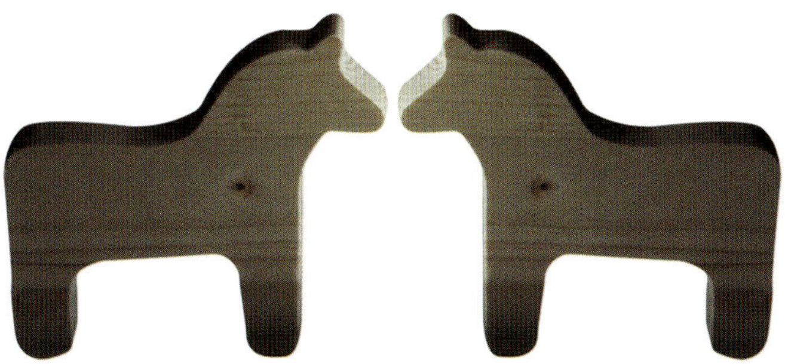

Den Tischläufer und die Servietten habe ich aus einem rustikalen gestreiften Stoff von IKEA genäht.
Einen **Spankorb** platzieren Sie in der Tischmitte.
Dort hinein **Haferhalme** und evtl. **Kornblumen** legen.

Aus einem zweiten **Spankorb** werden die Serviettenringe gemacht. Schneiden Sie 15 cm lange Steifen heraus und weichen Sie diese in einer Wasserschale ca. eine Stunde ein.

Danach vorsichtig zum Kreis formen. Dies geht sehr gut, indem man den **Spanstreifen** um die abgerundete Kante der Küchenarbeitsplatte zieht. Dann zusammenklammern.
Einige Geschirrteile sind ebenfalls aus Holz.

Weidenzäune

Schützende **Zäune**
und **wärmende** Wolle
für die kalten Tage.

Rustikal genießen wir einen Spätnachmittag in der Gartenlaube mit einem knisterndem Feuer vor der Tür.

Im Winter habe ich **Weiden** geschnitten und diese zu Zäunen und Körben **geflochten**.

Das erfordert etwas Übung.

Am besten machen Sie einen Kurs oder kaufen sich ein Fachbuch.

Der Brotkorb wirkt sehr rustikal, da er aus heimischer Weide geflochten ist.

Für die kleinen **Dekozäune** befestigen Sie fünf dickere Weidenstücke in einem Holzscheit.
Dazu entsprechende Löcher vorbohren und die Weidenstücke evtl. festleimen.
Dann in einfacher Technik flechten und Moos und **Wolle** mit einflechten (siehe Foto links).

Reste von den Weiden schmücken die Kerzen. Dafür die Stücke mit etwas Kleber an der **Kerze** befestigen und mit **Bast** umwickeln.
Lassen Sie diese Kerzen nicht ohne Aufsicht brennen.
Dicke Naturwolle wird für das Set und den **Becherwärmer** verwendet.
Eine Strickanleitung für das Tischset und den Becherwärmer finden Sie im Anleitungsteil.

Licht in dunkler Zeit

Im November ist es besonders dunkel, und die Wohnung wird vor der Adventszeit kaum geschmückt. Doch auch in dieser Zeit machen wir es uns mit viel Licht gemütlich.

Die Windlichter werden mit Fotos von Herbstmotiven bedruckt. Dazu verwenden Sie starkes Transparentpapier in DIN A 4 Größe. Einfach mit dem Drucker am heimischen PC das Foto in gleicher Größe drucken. Vorsicht, es dauert etwas bis die Druckerfarbe trocken ist!

Die Folie mit einem Klebestift zusammenkleben und ein Teelicht hineinstellen.

Sie können die Folie vor dem Zusammenkleben in der Höhe etwas kürzen, so haben Sie unterschiedlich große Lichter.

Zu dem Gräsermotiv passen besonders gut Gräser als ergänzende Deko.

Servietten und Geschirr dazu farblich passend wählen.

Friesenadvent

Auf den Inseln und Halligen gab es im 19. Jahrhundert kaum Bäume.
So entstand der **Friesenbaum** als Weihnachtsbaum.
Ein Holzgestell wird mit Buchsbaum umwunden, und wegen der Brandgefahr keine Kerzen angebracht.
Ich habe einen solchen originalen Friesenbaum nachgebaut und mit dem Gebäck **„Kindjeskoken“** gestaltet.

Als **Tischschmuck** binden Sie ein dickes Gesteck aus Buchsbaum. Zusammengeknüllte Zeitung mit Heu umwickelt bildet das Grundgerüst. Sehr große Äpfel mit zwei gekürzten Schaschlikstäbchen darauf befestigen. Vorher mit einem Apfelausstecher eine Vertiefung für die Kerze ausstechen.

Fertigen Sie für die **Figuren** Schablonen aus Papier an.

Das Gebäck wird aus einem speziellen Teig gebacken.

Es eignet sich aber auch Mürbeteig, den man bei niedrigerer Temperatur hell und hart backt.

Den Teig nicht zu dünn ausrollen, Schablonen auflegen und mit einem spitzen Messer ausschneiden.

Nach dem Auskühlen werden die Figuren nach eigener Fantasie mit Speisefarbe bemalt.

Rosinen und **Pflaumen** mit Nadel und Zwirn zu Ketten auffädeln und dazu dekorieren.

So wie hier dargestellt, ist es Tradition. Adam und Eva am Apfelbaum. Tiere, Schiffe und Windmühlen sollen **Glück** bringen. Außerdem werden Pflaumen- und Rosinenketten und rote **Äpfel** aufgehängt.

Allerlei Herzen

Im Laufe der Jahre sammeln sich in der Weihnachtsdekoration viele Herzen an.

Und auch dieses Jahr wird wieder gebastelt und gebacken.

Zum Landhausstil passen sehr gut die groben Kiefernzweige. Wenn Sie eine schöne Backform haben, ist diese als Gefäß für das Gesteck ideal.
Füllen Sie die Backform mit feuchtem Sand und stecken Sie die Kiefernzweige hinein.
Selbstgebackene Lebkuchenherzen, genähte Filz- und Flechtherzen habe ich dazu ausgewählt.
Diese verteile ich in den Zweigen.

Das rustikale rote Geschirr passt sehr gut zu den rot-weiß karierten Servietten.
Falten Sie die Servietten zu Herzen.
Die Faltanleitung finden Sie im Internet oder in einem Fachbuch.

Waldweihnacht

Beim Spaziergang im winterlichen Wald genießen
wir die Stille. **Waldtiere** sieht man allerdings selten.

Eine Waldweihnacht als Tischdekoration zu gestalten,
machte mir sehr viel Freude.

Alles sollte möglichst **natürlich** sein.

Johann

Das Grundgerüst für die kleinen **Tannenbäume** ist ein Kegel aus grünen Karton.
Halbkreise in verschiedenen Grössen ausschneiden und zum Kegel zusammenkleben.
Feine Tannenzweige in kleinere Stücke schneiden und mit Heißkleber schuppenartig von unten nach oben auf den Kegel kleben.
Stellen Sie sich einen „kleinen Wald“ zusammen.
Geschirr und Tischwäsche in **Grün** und Natur passen sehr gut zu dieser Tischdekoration.

Mit Glück finden Sie beim Stöbern in Deko-Läden Tannenbaumkerzen. Diese stellen Sie mit in den Wald.
Gesammeltes **Moos**, Zapfen und **Lärchenzweige** im „Wald“ auf dem Tisch verteilen.
Sterne aus Birkenrinde schmücken alles weihnachtlich.
Die **Waldtiere** gibt es im Spielzeugladen. Zuletzt noch Kunstschnee darüber streuen.
Welch eine Idylle!

Schnee und Eis

Selten haben wir im
Winter viel Schnee.
Umso mehr freuen wir uns,
wenn es tüchtig schneit.

Schon vor der Haustür
mache ich schöne Fotos.
Aufnahmen von der Natur sind
jedoch einmalig.

Diese Fotos schmücken
einen festlichen Wintertisch.

Mit Frosteffektfarbe werden alte Gläser aufgepeppt und mit Bändern, Fotos und ausgestanzten Eiskristallen verziert.

Kahle Zweige, auf die ich in einer dicken Schicht weiße Farbe getupft habe, wirken wie verschneite Bäume. Die Eisfläche ist aus Alufolie, die um eine dünne ovale Pappe gelegt wird. Mit Steinen, Moos, Watteballen und Streuschnee gestalten Sie eine „Seelandschaft im Winter".

Falten Sie die Servietten zu kleinen Päckchen und verschnüren Sie diese mit Bändern.
Ausgeschnittene Fotos auf Pappkreise kleben, mit Namen versehen und fertig sind die Tischkarten.

Anleitungen

Eierwärmer (Kapitel 1)

Material:
- Rest von dünner Strumpfwolle

Mit einem Nadelspiel Nr.2 auf 4 Nadeln
je 12 M aufschlagen.
5 Rd Bündchenmuster 1M re 1M li im Wechsel
16 Rd glatt re
in der nächsten Rd jede 5.u.6.M zusammen-
stricken
2 Rd ohne Abnahme
dann jede 4.u.5.M zusammenstricken
2 Rd ohne Abnahme
jede 3.u.4.M zusammenstr.
2 Rd ohne Abnahme
jede 2.u.3.M zusammenstr.
2 Rd ohne Abnahme
2 M zusammenstr.
mit 8 M 7 cm gerade hoch stricken
2 M zusammenstr.
noch 3 Rd
dann alle M mit einer Stopfnadel zusammen-
ziehen. Den Zipfel zum Knoten binden.

Wasserbecken (Kapitel 10)

Material:
- 1,84 m x 0,19 m (diese Größe ist passend für einen Festzelttisch)
- sägerauhe Holzbretter 19 mm stark
- Acryl Silikon Dichtmasse mit Ausspritzpistole
- 1 Bodenbrett 180 cm lang 15 cm breit
- weiße Acryl Farbe
- 2 Seitenbretter 183,8 cm lang 10 cm breit
- Holzbuchstaben (gibt es fertig im Hobbyladen)
- 2 Seitenbretter 15 cm lang 10 cm breit
- ca. 20 Nägel 6 cm lang

Die Seitenbretter um das Bodenbrett legen und festnageln. Die Fugen von innen mit Acryl Silikon ausspritzen, verstreichen und trocknen lassen. Den Holzkasten innen und außen 3x mit Acrylfarbe streichen. Holzbuchstaben mit der gleichen Farbe streichen und mit Heißkleber mittig auf ein Seitenteil kleben. Der Holzkasten muss gerade stehen, dann Wasser einfüllen.

Kleine weiße Kiste (Kapitel 1)

Material:
- <u>Bodenplatte:</u>
Sperrholz (0,6 cm stark):
ein Quadrat à 13 x 13 cm mit der Laubsäge aussägen
- <u>Seitenleisten:</u>
2 Holzleisten (1,8 x 0,5 cm ,1 m lang):
6 Stück mit 12 cm Länge und
6 Stück mit 13 cm Länge zusägen
- <u>Eckleisten:</u>
1 Winkelholzleiste (1,3 x 1,3 cm und mit 1 m Länge)
4 St. 9,5 cm lang zusägen

Stoffkorb (Kapitel 16)

Material für einen Stoffkorb:

- 38,5 x 15 cm gemusterten Stoff plus 13x13 cm für Kreis (Boden)
- 38,5 x 15 cm Futterstoff plus 13x13 cm für Kreis (Futterboden) zuschneiden.
- 38, 5 cm Borte

Zuerst die Borte ca. 3 cm vom oberen Rand des Futterstoff entfernt aufnähen.
Gemusterten Außenstoff und Futterstoff am oberen Rand re. auf re. zusammen nähen.
Naht ausbügeln, nicht umklappen! Stoffe re. auf re. legen, Seitennaht durchgehend nähen.
Das Futterteil nach außen krempeln, offenen unteren Rand mit Zickzack versäubern (beide Stoffe zusammen).
Beide Stoffkreise li. auf li. mit Zickzack zusammen nähen. Den Rand mit Stecknadeln an den Kreisboden
stecken und vorsichtig annähen.
Beutel wenden und den oberen Rand nach außen umschlagen.

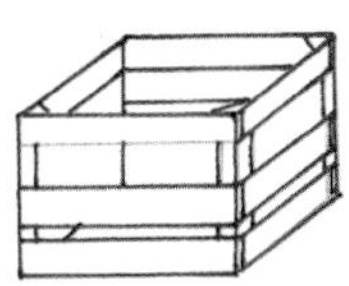

Die Leisten mit einer Gährungssäge absägen.
Alle Teile mit Holzleim zusammen kleben, so wie auf dem Foto oder
der Zeichnung zu sehen (Evtl. mit Hilfe einer kleinen Schraubzwinge).
Nach dem trocknen die Kiste mit Acrylfarbe streichen.

Tischset und Becherwärmer aus Wolle (Kapitel 20)

Material:

- 50g dicke naturfarbene Wolle für Nadelstärke 8 pro Set und Becherwärmer

Set:

36 M anschlagen
1.R 1Randm. 2M li / 2M re im Wechsel 1Randm.
Rückreihen immer wie die Maschen erscheinen!
3.R 1 Randm. 2M re / 2M li im Wechsel 1 Randm.
5.R 1 Randm. 2M li / 2M re im Wechsel 1 Randm.
7.R 1 Randm. 2M re / 2M li / 26M re / 2M li / 2M re 1 Randm.
9. – 37.R die 4M nach der Randm. und vor der letzten M immer wechseln (Würfelmuster)
39. – 43.R das Würfelmuster wieder durchgehend stricken
mit li.M locker abnehmen

Becherwärmer:

28M anschlagen
3 Reihen glatt re str.
für das Knopfloch in der 4. R die 25.u.26.M li zusammenstr. / 1 Umschlag / 1M li / 1 Randm.
3 Reihen glatt re str. (Umschlag re str.)
An der Rückseite mit re M abnehmen
Knopf annähen

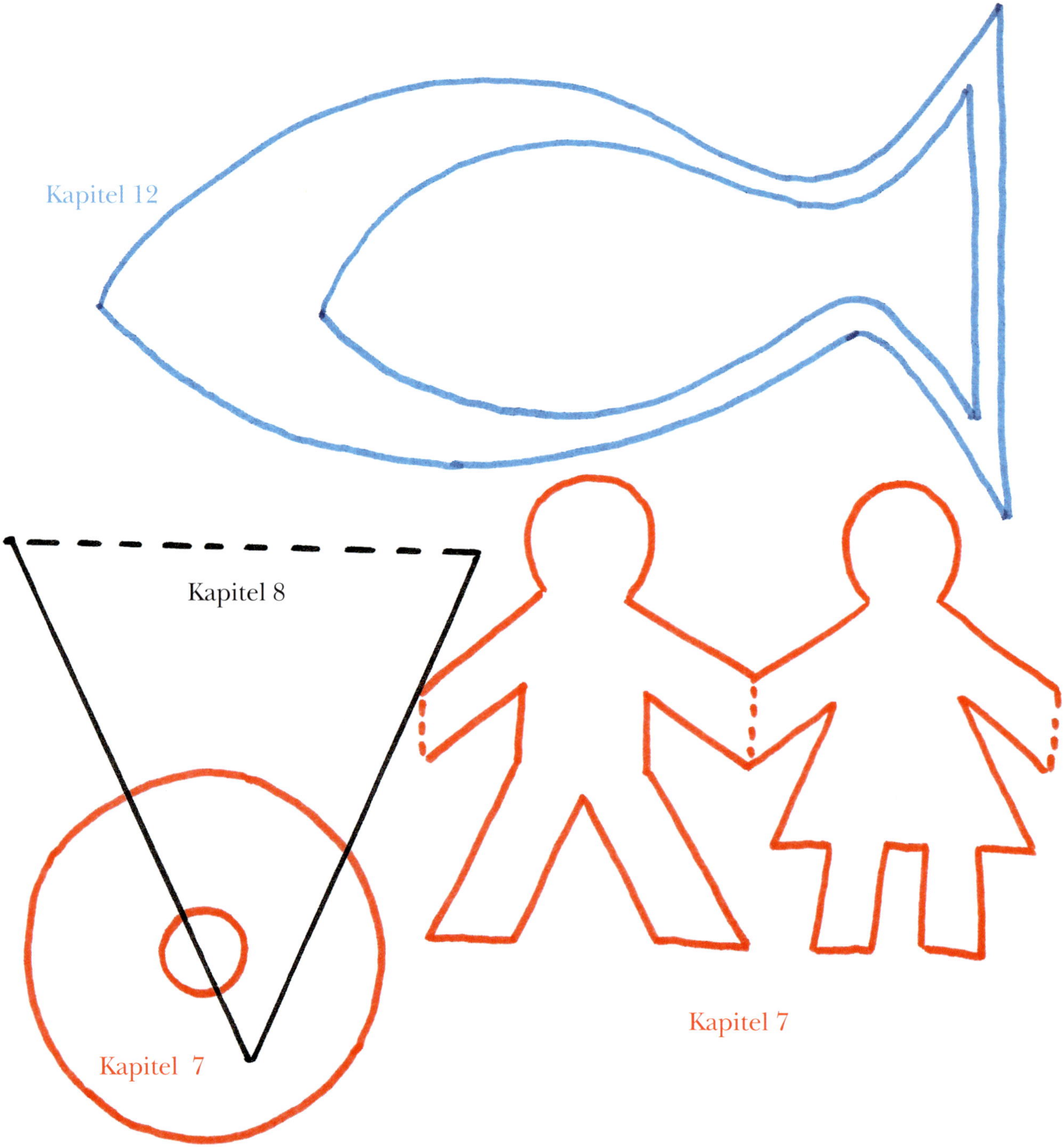
Kapitel 12
Kapitel 8
Kapitel 7
Kapitel 7

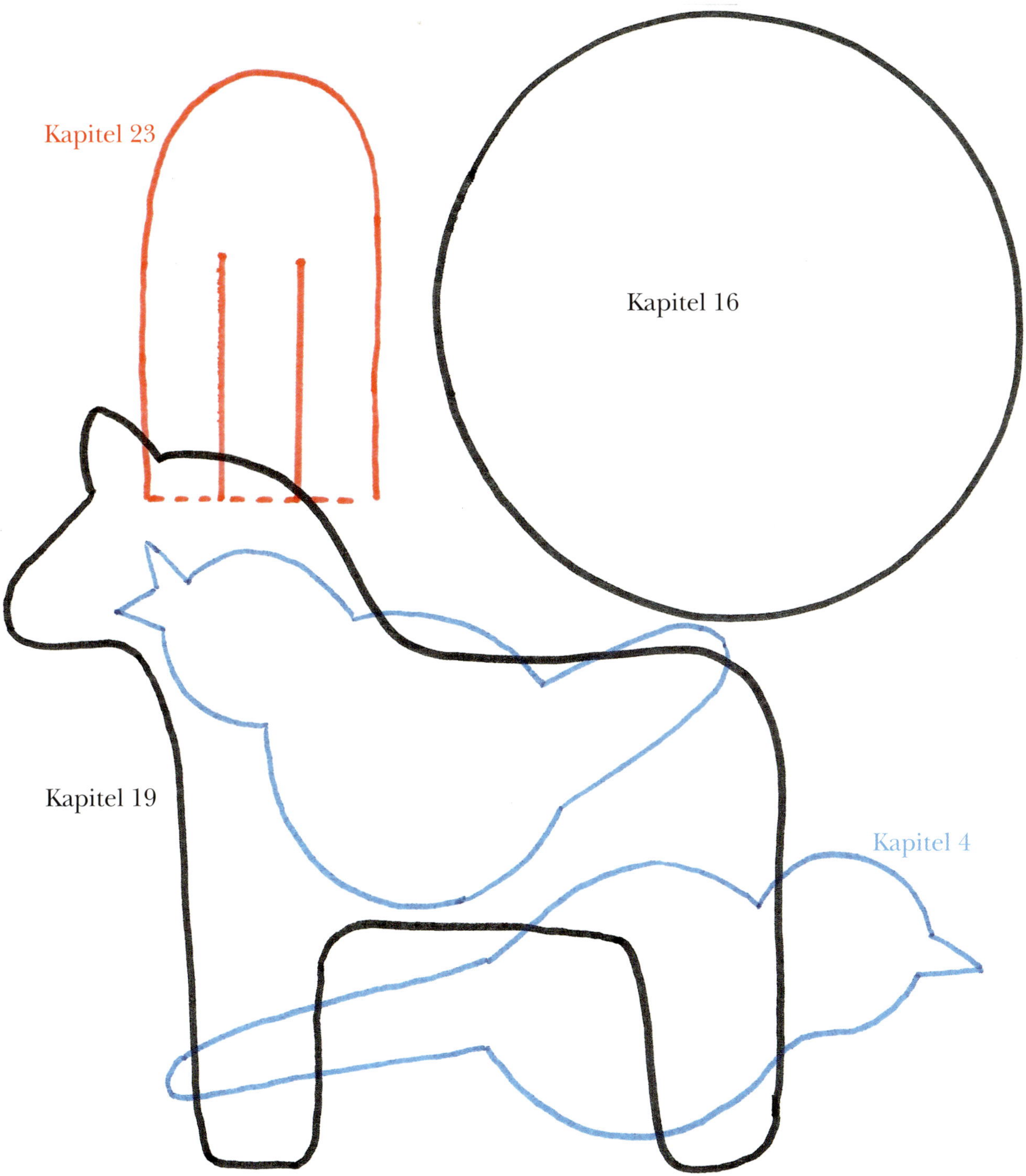
Kapitel 23
Kapitel 16
Kapitel 19
Kapitel 4

Kapitel 22

(alle Schablonen für den Friesenbaum)

Auch diesmal war unser Kater „Paule“ wieder stets zur Stelle, als ich für das Buch fotografiert habe.

Danke

Frau Herbst und dem Verlag Busse und Seewald danke ich für die Realisierung dieses Buchs.

Antje Spitzbarth für das Layout.
Antje Du hast es ganz toll gemacht!

Meine Schwester Elke:
Danke das ich Dein Nordstrander Geschirr leihen durfte.

Helga meine Nachbarin, für die Leihgabe Deines Geschirrs.

Danke an meine Arbeitskolleginn Birthe, für das Aussägen der Pferde.

Danke an die „Nordstander Töpferei“, für die Erlaubnis Fotos machen und verwenden zu dürfen (www.nordstrander-toepferei.de)

Ein besonderer Dank an meinen lieben Mann, für Dein Verständnis, wenn ich mal keine Zeit für Dich hatte,

Haftungsausschluss

Wir haben uns bemüht, die Texte und Anleitungen so verständlich und sachlich richtig wie möglich zu formulieren, trotzdem könnte sich ein Fehler eingeschlichen haben. Der Verlag übernimmt daher keinerlei inhaltliche oder sonstige Haftung.